Carolin Deitmer

Literaturbericht zu Transitional Justice

Fokus auf Lateinamerika

GRIN Verlag

Bibliografische Information der Deutschen Nationalbibliothek:

Die Deutsche Bibliothek verzeichnet diese Publikation in der Deutschen National-
bibliografie; detaillierte bibliografische Daten sind im Internet über http://dnb.d-
nb.de/ abrufbar.

Impressum:

Copyright © 2011 GRIN Verlag GmbH
Druck und Bindung: Books on Demand GmbH, Norderstedt Germany
ISBN: 978-3-656-02293-0

Dieses Buch bei GRIN:

http://www.grin.com/de/e-book/179819/literaturbericht-zu-transitional-justice

GRIN - Your knowledge has value

Der GRIN Verlag publiziert seit 1998 wissenschaftliche Arbeiten von Studenten, Hochschullehrern und anderen Akademikern als eBook und gedrucktes Buch. Die Verlagswebsite www.grin.com ist die ideale Plattform zur Veröffentlichung von Hausarbeiten, Abschlussarbeiten, wissenschaftlichen Aufsätzen, Dissertationen und Fachbüchern.

Otto-von-Guericke Universität Magdeburg
Fakultät für Geistes- Sozial und Erziehungswissenschaften
Institut für Politikwissenschaft

Literaturbericht

zum Thema

Transitional Justice

vorgelegt im Rahmen des Seminars

*Wege aus der Gewalt - Konfliktfelder und Friedensmodelle
in Lateinamerika*

Sommersemester 2011

Eingereicht von:

Carolin Deitmer

Eingereicht am:

22.08.2011

Master Friedens- und Konfliktforschung
(„Modul 5, Weltgesellschaft und Transformation")

Inhaltsverzeichnis

Literaturbericht zum Thema Transitional Justice

1. Einführung

1.1 Das Thema Transitional Justice

Transitional Justice, zu Deutsch etwa ,Übergangsjustiz', ist ein Konzept, das in den letzten Jahren sowohl in der Wissenschaft als auch in der Praxis an Popularität gewonnen hat. Zieht man die Epoche nach 1945 in Betracht, so werden einem vor allem die Nürnberger Prozesse als Grundstein solch einer Übergangsjustiz in den Sinn kommen, dicht gefolgt von den Tokioter Prozessen. Insbesondere nach der Zeit des Kalten Krieges, in der man menschenrechtsverletzende Diktaturen noch größtenteils gewähren ließ, stieg die Bedeutung des Konzeptes rapide an, denn in der Wissenschaft setzte sich die Meinung durch, dass nur Gesellschaften, die ihr oftmals blutige Vergangenheit aufgearbeitet haben, in der Lage sind, friedlich und demokratisch zu werden (vgl. Buckley-Zistel 2007, 2). Vor diesem gedanklichen Hintergrund macht sich Transitional Justice zum Ziel, die „[…] Vergangenheit eines gewaltsamen Konfliktes oder Regimes aufzuarbeiten, um den Übergang zu einer nachhaltig friedlichen, meist demokratischen Gesellschaftsordnung zu ermöglichen" (Buckley-Zistel 2007, 2). Transitional Justice verbindet somit die Faktoren Übergang und Gerechtigkeit und ist damit als ein auffällig normatives Konzept zu bewerten. Nach Menschenrechtsverletzungen sollen die in der Gesellschaft entstandenen Trennlinien verbunden werden, indem man die geschehenen Verbrechen offen aufarbeitet und so den Opfern den Glauben an Gerechtigkeit zurückgibt. Indem der Rechtstaat wieder hergestellt wird, sollen zukünftige Verstöße gegen geltendes Recht verhindert werden. Die Gesellschaft soll so auf lange Sicht hin ausgesöhnt und befriedet werden (vgl. Anderlini/Conawell /Kays 2004, 1).

1.2 Die Relevanz des Themas und der aktuelle Forschungsstand

Die Relevanz des Themas ergibt sich aus seiner stetig wachsenden Popularität: Mitte der 1990er Jahre begann sich die Wissenschaft explizit mit der Aufarbeitung von Unrechtsregimen und dem Übergang zu Demokratie auseinanderzusetzen und führte Transitional Justice als offiziellen Begriff bzw. Mechanismus ein. Erste Tribunale für Ruanda und Jugoslawien in den 1990ern sind praktischer Ausdruck dieser Entwicklung. Politik- sowie Rechtswissenschaftler haben sich in den letzten 20 Jahren explizit mit Transitional Justice beschäftigt. Die Anzahl der Publikationen wächst seither stetig an (vgl. Kayser-Whande/Schell-Faucon 2008, 10-11, 15). Die Veröffentlichungen umfassen zum einen die Geschichte von Transitional Justice (Elster 2004; Kritz 1995; Teitel 2003). Zum anderen werden die reine Strafjustiz behandelt – dies vor allem in den frühen 1990er Jahren – wie bei Kritz 1995, aber es werden auch nicht-justizielle Sichtweisen wie Vor-und Nachteile von Wahrheitskommissionen oder Reparationen und deren Beitrag zu Sicherheit und Demokratie aufgegriffen (Wiebelhaus-Brahm 2009). Neuere Konzepte wie Versöhnung und Verzeihen stehen mehr denn je im Fokus von Transitional Justice (Roht-Arriaza/Mariezcurrena 2006; Daly/Sarkin 2007; Barkan/Karn 2007; Mobekk 2005).[1] Zusammengefasst: Transitional Justice ist heute ein sehr weites Feld und umschließt mehr als eine bloße, nachträgliche Verurteilung von ehemaligen Straftätern. Die Forschung beschäftigt sich nun vielmehr mit „[…] justice, retrospection, democratisation, conflict transformation and peace building attempts" (Kayser-Whande/Schell-Faucon 2008, 19).

2. Auswahl bestimmter Publikationen zum Thema

2.1 Auflistung und Begründung der gewählten Veröffentlichungen

Auf Grund der Vielseitigkeit der Transitional Justice-Forschung werden im vorliegenden Literaturbericht drei thematisch stark unterschiedliche Publikationen analysiert, alle in der Zeit von 2008-2010 entstanden. Sie geben einen Einblick in den derzeitigen Forschungs-stand, so repräsentieren sie aktuellste Forschungsfragen und Thesen.

Den Anfang macht der Essay von **Oscar Thoms, James Ron und Roland Paris** über die Einflüsse von Transitional Justice auf die staatliche Ebene. Der folgende Essay von **Lisa Laplante** beschäftigt sich mit der Beziehung zwischen Transitional Justice und Friedens-konsolidierung. **Julia Schünemanns** Publikation geht schließlich konkret auf die Gegeben-heiten im von 36-Jahre Bürgerkrieg geprägten Guatemala ein und untersucht die Effizienz der dortigen Internationalen Kommission gegen Straflosigkeit hinsichtlich des Aufbau des Rechtstaates.

2.2 Vorgehensweise bei der Analyse

Die Analyse der drei Texte erfolgt nach dem jeweils gleichen Schema: In einem ersten Schritt wird die zentrale These bzw. Fragestellung aufgearbeitet. In einem zweiten Schritt wird ein Blick auf die verwendete Methode geworfen und die Argumentation nachvollzo-gen. In einem dritten Schritt erfolgt die kritische Diskussion des Textes.

---

[1] Transitional Justice erfreute sich in den letzten Jahren einer Vielzahl von Publikationen. Auf Grund der Begrenztheit der vorliegenden Arbeit kann hier nur ein kurzer Überblick gegeben werden. Mehr bei Kayser-Whande/Schell-Faucon 2008.

3. Literaturbericht

3.1 Oskar Thoms/James Ron/Roland Paris (2010): State-Level Effects of Transitional Justice: What Do We Know?

3.1.1 Die zentrale Fragestellung und ihre Abgrenzung

Die Autoren postulieren zu Anfang des Essays noch keine zentrale Arbeitshypothese, da sie unvoreingenommen durch Analyse zahlreicher Studien ihre Forschungsfrage zu beantworten suchen. Diese offenbart sich schon im Titel des Essays. Die Autoren begründen die Wahl ihrer Frage damit, dass es in der aktuellen Debatte zahlreiche unterschiedliche Standpunkte über den Einfluss der Mechanismen gibt (vgl. S.2). Mit dem Englischen Begriff ‚state-level' meinen Thoms, Ron und Paris den vom Staat aufgebrachten Respekt seinen Bürgern gegenüber, Ausmaße politischer Gewalt, die Befolgung des Rechtsstaates, den Demokratisierungsgrad, die Sichtweisen der Bevölkerung auf die Legitimität der staatlichen Herrschaft und eine politische Kultur der Menschenrechte und des Pluralismus (vgl. S.3). Somit stellen sich die Wissenschaftler unter anderem die tiefergehenden Fragen, ob Transitional Justice gesellschaftlichen Frieden konsolidieren, für den Rechtsstaat und dessen Akzeptanz größeren Respekt schaffen kann und ob das Konzept eine Teilung der Gesellschaft forciert oder eben doch Versöhnung schafft. Die Autoren beschränken sich in ihrer Analyse auf eben diese staatlichen Elemente und schließen somit individuelle, substaatliche und globale Elemente aus. Dies geschieht vor dem Hintergrund der Tatsache, dass die Arbeit präziser wird, fokussiert man sich nur auf einen Bereich; Arbeiten zu den Einflüssen auf den individuellen, substaatlichen oder globalen Bereich würden, so die Autoren, ihre Arbeit jedoch komplementieren. Thoms, Ron und Paris konzentrieren sich auf zwei bestimmte Instrumente des Transitional-Justice-Konzepts: Strafprozesse und Wahrheitskommissionen.

3.1.2 Die Methode und die Argumentation der Autoren

Um zu Erkenntnissen zu gelangen, untersuchen die Autoren 15 vergleichende Studien – sieben zumindest teilweise qualitative und acht rein quantitative – über die Einflüsse von Strafprozessen und Wahrheitskommissionen (vgl. S.3). Nach einer ausführlichen Darlegung des Forschungsstandes informieren die Autoren über die Mechanismen Strafprozesse und Wahrheitskommissionen (vgl. S.5-6).[2] Mit diesem Teil führt der Essay langsam in den Hauptteil über. Um den Einfluss von Strafprozessen zu bewerten, analysieren die Autoren

---

[2] Sie weisen auf die bestehenden Widersprüchlichkeiten innerhalb der Forschung und kritisieren die Vielzahl von Einzelfall-Studien, da diese keine generellen Schlussfolgerungen zulassen. Auch wird unter anderem ein „selection bias" (S.7) bemängelt, da sich die meisten Einzelfallstudien auf Länder beziehen, die ohnehin schon gut dokumentiert sind (vgl. S.3; S.7).

zwei Einzelfallstudien, zwei Studien mit kleinen bis mittleren Stichproben und eine Studie mit großer Stichprobe. Zusammenfassend stellen Thoms, Ron und Paris hinsichtlich der Strafprozesse entweder leicht positive Einflüsse fest oder behaupten zumindest, dass sie nicht schädigend auf staatliche Elemente wirken (vgl. S. 10-11). Der Einfluss von Wahrheitskommissionen wird an Hand von einer Einzelfallstudie, zwei kleinen bis mittleren Studien und zwei größeren Studien überprüft Nach dieser Analyse stellen Thoms, Ron und Paris fest, dass Wahrheitskommissionen meistens positive Effekte hätten (vgl. S.11-14). In einem nächsten Kapitel ziehen sie auch Studien in ihre Analysen ein, die über Strafprozesse und Wahrheitskommissionen als Instrumente hinausgehen (vgl. S.14-17). In einem zweiseitigen Teil beschreiben die Autoren die Probleme bei den Studien genauer (vgl. S.18-19). Darauf aufbauend geben sie in einem nächsten Abschnitt Hinweise und Ratschläge für kommende Studien (vgl. 20-23). Thoms, Ron und Paris ziehen die Schlussfolgerung, dass die meisten Studien entweder positive oder gar keine Effekte aufweisen. Nur wenige Studien hätten, so die Autoren, ausdrücklich negative Folgen beschrieben. Sie stellen jedoch fest, dass es weder handfeste Behauptungen in die eine noch in die andere Richtung geben könne, da die bisher existierende wissenschaftliche Literatur keine wirklichen Aussagen mache. Ob Transitional Justice friedenskonsolidierend wirke oder nicht, wird so nicht beantwortet, genauso wenig, ob es den Rechtsstaat stärken oder nationale Versöhnung forcieren kann. Somit sei weitere Forschung dringend notwendig.

3.1.3 Die kritische Diskussion des Textes
Der Essay stellt einen Forschungsbericht dar und beinhaltet keine neue Studie. Aus schon existenten Ergebnissen soll der Forschungsstand abgebildet und damit die Forschungsfrage beantwortet, d.h. der Einfluss von Strafprozessen und Wahrheitskommissionen auf staatliche Elemente abgebildet werden. Die Methodik der Autoren ist somit klar nachvollziehbar. Positiv anzumerken ist zweifelsohne, dass die Autoren eine klare Antwort auf ihre Forschungsfrage geben. Wir wissen nach der Lektüre des Essays, dass die Forschung noch nicht weit genug ist, um begründete Behauptungen in die eine oder die andere Richtung aufstellen zu können. Aus den vorliegenden Studien ist aber immerhin ersichtlich, dass die Effekte entweder positiv oder gar nicht vorhanden sind. Somit liegt dem/der Leser/in ein abgerundeter, wissenschaftlich fundierter Essay vor, der alle thematisch relevanten Studien analysiert. Des Weiteren ist der Aufbau positiv hervorzuheben, da nach einem einführenden Teil mit Forschungsstand, Forschungsfrage, Notwendigkeit des Essays und Methodik und einem kurzen Definitionsteil ein inhaltlich nachzuvollziehender Hauptteil folgt, der durch einen

zukunftsgerichteten Schlussteil abgerundet wird. Jede Studie wird differenziert durchleuchtet, indem in einem ersten Schritt die Ergebnisse derer dargelegt und in einem zweiten Schritt klare Kritik an den Forschungsmethoden und etwaigen Forschungsfehlern der Autoren/Autorinnen geübt wird. Die Studie von Stromseth, Wippman und Brook beispielsweise untersucht den Einfluss von internationalen Tribunalen und gemischten oder hybriden Strafprozessen auf den Rechtsstaat und die Kompetenz des einheimischen Rechtsystems im ehemaligen Jugoslawien, Ruanda, Timor-Leste und Sierra Leone. Nach einer differenzierten Analyse – „[...] it finds mixed, complex and unclear effects" (S.10) – wird Kritik an der Studie geübt: "Although the study illuminates the challenges of international involvement in TJ, its heterogeneous sample and lack of controlled comparison complicate efforts to evaluate causal claims" (S.10). Dieses Schema wird bei jeder Studie angewandt. Solch eine Betrachtung ist differenziert und daher positiv betrachten, genau wie die ab Seite 20 zu findenden Ratschläge für neuere Studien, da die Autoren damit ihrer eigenen Schlussfolgerung Rechnung tragen – nämlich, dass weitere Forschung essentiell ist. Der Essay gibt damit einen sehr guten State of the Art mit Empfehlungen für weitere Forschung. Kritisch anzumerken ist jedoch, dass dem Leser/der Leserin der Überblick über die verwendeten Studien fehlt. Die Autoren hätten beispielsweise am Anfang eine kurze Zusammenfassung geben können, um so das Verständnis zu erhöhen.

3.2 Lisa J. Laplante (2008): Transitional Justice and Peace Building: Diagnosing and Addressing the Socioeconomic Roots of Violence through a Human Rights Framework

3.2.1 Die zentrale Fragestellung/These und ihre Abgrenzung

Lisa Laplante untersucht in ihrem Essay die Beziehung zwischen Transitional Justice und Friedenskonsolidierung. Sie stellt sich in ihrer Arbeit die Forschungsfrage, inwieweit das Transitional Justice Konzept verbessert werden könnte, um dessen übergeordnete Ziele – nationale Versöhnung und nachhaltigen Frieden – zu erreichen. Vor diesem Hintergrund postuliert sie, dass der Arbeitsbereich von Transitional Justice ausgeweitet werden müsste, um so die positiven Einflüsse auf die Umwandlung des nationalen politischen und wirtschaftlichen Systems zu verstärken. Laplante konkretisiert diese These, indem sie sich auf Wahrheitskommissionen fokussiert. Diese sollten ihren Arbeitsbereich von rückblickender Geschichtsaufarbeitung auf progressive Empfehlungen und Vorschläge ausdehnen, die das gesamte ökonomische, politische und soziale System eines Staates reformieren. Laplante postuliert, dass Transitional Justice sich bisher nur auf die Verletzung bürgerlich-politischer Rechte konzentriert hat, was darin mündete, dass man die Verursacher von Menschenrechtsverletzungen vor Gericht gebracht hat und die Opfer entschädigt hat. Laplante bemängelt, dass hierbei die sozialen, wirtschaftlichen und kulturellen Rechte außer Acht gelassen werden. Aber gerade die Verletzung dieser sei oft die konkrete Wurzel von Gewalt, da die Menschen sich ungerecht behandelt fühlen und in Folge gegen den Staat aufbegehren. Die Autorin argumentiert, dass Strafprozesse und Reparationszahlungen eine Wiederholung von Gräueltaten nicht verhindern, denn die entscheidende Wurzel der Gewalt seien die historisch geformten sozialen Ungleichheiten innerhalb der Gesellschaft, die soziale Trennlinien nach sich zögen. Transitional Justice muss, so Laplante, seinen Auftrag also von der Analyse der Verletzung bürgerlich-politischer Rechte hin zu einer Analyse der Verletzung wirtschaftlicher, sozialer und kultureller Rechte ausdehnen (vgl. S.331-333). Diesen Auftrag könnten Wahrheitskommissionen erfüllen und so würde Transitional Justice zu einer Art „social justice" (Laplante 2008, 333) werden. Die Autorin stellt sich also die Frage, auf welche Art und Weise das Konzept ausgeweitet werden kann und gibt in ihrem Essay Vorschläge für die zukünftige Arbeit von Wahrheitskommissionen.

3.2.2 Die Methode und die Argumentation der Autorin

In einem ersten Schritt gibt Laplante einen kurzen Einblick in die Geschichte von Wahrheitskommissionen. Sie argumentiert, dass diese bisher einen zu engen Arbeitsbereich hatten und zu retrospektiv gearbeitet haben. Laplante führt dann aus, welche Folgen es für die Gesellschaft hat, wenn sozioökonomische Ungleichheiten nach einem Konflikt nicht beseitigt werden und die Kommissionen diese tieferliegende Problemen ignorieren oder nur unvollständig bearbeiten (vgl. S.335-342). Damit zeigt sie die Relevanz ihres Vorschlags – der Ausweitung des Wirkungsbereichs der Kommissionen – auf. In einem nächsten Schritt demonstriert Laplante, dass der Gedanke, dass Konflikte ihre Wurzeln in innergesellschaftlichen Ungleichheiten haben und Menschenrechte mehr als nur politisch-bürgerliche sind, sondern eben auch soziale, wirtschaftliche und kulturelle Rechte einbeziehen, schon von anderen Wissenschaftlern und ab 2001 von den UN aufgegriffen wurde. Sie geht auf einen UN-Ansatz ein, der die enge Verbindung zwischen innergesellschaftlicher Entwicklung, d.h. Entwicklung auf sozialer, wirtschaftlicher kultureller Ebene, und Sicherheit für die Bürger aufzeigt. Dieses Entwicklungs-Sicherheits-Paradigma der UN zeigt auf, dass nur eine tiefgreifende staatliche Veränderung, die die Dimensionen Wirtschaftspolitik, Sozialpolitik und Kulturelle Angelegenheiten umfasst, wirkliche Sicherheit und Prävention von/vor Kriminalität und Konflikten bieten kann. Dieser UN-Ansatz käme ihrem Konzept nahe und müsste ausgeweitet werden (vgl. S.343-347). In einem nächsten Schritt, dem wichtigsten, sammelt sie Ideen, inwiefern Wahrheitskommissionen ihr Mandat ausweiten können, um den Fokus vermehrt auf innergesellschaftliche Probleme zu legen. Laplante zieht ihre Gedanken und Lösungsvorschläge aus eigener Forschung zu Perus Transitional Justice Arbeit nach 2002 und Studien, die sich mit Wahrheitskommissionen und deren Arbeit in anderen Ländern beschäftigt haben. Zum einen fordert sie Wahrheitskommissionen auf, dem jeweiligen Staat sein Versagen aufzuzeigen, da dieser, beispielsweise in Peru, durch das Nicht-Bereitstellen gleicher Lebensbedingungen für Alle die Mehrzahl der Bürger in ihren sozialen Rechten beschnitten hat. Sie stellt die Wahrheitskommission in Timor-Leste als positive Ausnahme dar, da diese dem indonesischen Staat dessen Versagen zum Vorwurf gemacht hat und so den Friedensprozess in der Weise vorangebracht hat, die sie als positiv erachtet. Zum anderen schlägt Laplante vor, dass Wahrheitskommissionen sich nicht nur auf das Aufdecken von Menschenrechtsverletzungen konzentrieren sollten, sondern ihren Fokus auf Vorschläge zu sozialen, wirtschaftlichen und kulturellen Reformen legen sollten. Es würde nicht nutzen, nur zu ‚empfehlen', sondern es fehle bisher der Teil an Wahrheitskommissionen, der politische, wirklich umsetzungsfähige Vorschläge in die staatliche Politik einbringt. Laplante meint, dass Empfehlungen auf einer juristischeren Basis als bisher gemacht werden müssten, um die Handlungen der jeweiligen Regierung zu beeinflussen. Zu guter Letzt bringt die Autorin den Vorschlag, dass die Kommissionen demokratische Partizipationsmechanismen für die Schwachen bereitstellen müssten und so eine Rolle als Wandler des politischen Systems einnehmen sollten (vgl. S. 348-354).

3.2.3 Die kritische Diskussion des Textes

Laplantes These ist vor allem vor dem Hintergrund des UN-Ansatzes und der Tatsache, dass es heute in Chile, Südafrika und Guatemala vermehrt zu Protesten gegen soziale Ungleichheiten kommt nachvollziehbar und ihr Vorschlag gut gewählt (vgl. S.331). Allerdings wird nicht ganz klar, warum sie sich auf Wahrheitskommissionen als Instrument fokussiert, so fehlt ihnen doch juristische Bindungswirkung. Hier hätte sie deutlicher begründen müssen. Ihre Vorschläge zeigen, dass sie sich stark mit der Arbeit der Kommissionen beschäftigt hat und wirken daher durchdacht. Die Idee, den Staaten öffentlich mehr Schuld an Missständen zu geben und sie damit in den Fokus zu rücken, kann durchaus dazu führen, dass sozioökonomische Probleme besser angegangen werden, da die wenigsten Staaten vor ihren Bürgern und der internationalen Gemeinschaft sozial desinteressiert wirken wollen. Laplante weist auf positive Beispiele hin und zeigt damit auf, dass die Idee, Staaten ihr eigenes Versagen vorzuhalten, durchaus praktikabel ist (vgl. S.347-348).

Generell muss aber festgestellt werden, dass der/die Leser/in etwas anwendungsbezogenere Ratschläge vermisst. Beispielsweise hinsichtlich der sozialen Reformen, die Wahrheitskommissionen mit voranbringen sollen, fälllt auf, dass Laplante keine wirklichen Mittel und Wege kennt, dass die Regierungen die Vorschläge später auch umsetzen. Jedoch liegt dies auch in der Natur der Kommissionen selbst und es ist an sich als ein guter Vorschlag zu werten, da eine solche Mandatsausweitung zumindest guten Willen demonstrieren würde und einen Versuch wert wäre. Jedoch auch hinsichtlich der geforderten demokratischen Partizipationskanäle, die der Staat für sozial Schwache einrichten soll, sind keine genauen Beispiele hinsichtlich der praktischen Umsetzung genannt (vgl. S.352-353). Der Essay weist so gute Ideen auf, verharrt aber leider zu stark in der Theorie. Es fehlen handfeste Ratschläge für die Praxis. Die Argumentation Laplantes ist dennoch beachtlich und gut nachvollziehbar. Dem/der Leser/in fehlt jedoch zu Anfang eine genauere Auflistung der Wahrheitskommissionen, die untersucht wurden. Die zahlreichen Beispiele wirken damit aus dem Zusammenhang gerissen. Es ist daher auch fraglich, ob Laplante für ihre Argumentation jeweils die ‚Positiv-Beispiele' verwendet hat oder ob sie ausgeglichen analysiert hat. Ihre Idee aber, letztlich angelehnt an das UN-Paradigma, ist achtenswert und kann in weiterer Forschung näher ausgeleuchtet werden. Mit ihrer Forderung der Ausweitung des Mandats von Wahrheitskommissionen und der Begründung, wieso dies geschehen sollte, hat Laplante die Transitional-Justice Forschung vorangebracht.

3.3 Julia Schünemann (2010): 'Looking the Monster in the Face': The International Commission against Impunity in Guatemala and the 'Rule of Law-builders Contract'

3.3.1 Die zentrale Fragestellung und ihre Abgrenzung[3]

Julia Schünemann stellt sich in ihrem Essay die Frage, inwieweit die Internationale Kommission für Straflosigkeit zum Staatsaufbau, bzw. zum Aufbau des Rechtsstaates, im bürgerkriegsgeprägten Guatemala beiträgt. Sie legt der Arbeit die These zu Grunde, dass das CICIG ein Beispiel für ein Instrument des Staatsaufbaus ist. Dieser sei, in Anlehnung an die Theorie von Barnett und Zürcher und deren Modell des ‚peace builder's contract', geprägt von komplexen Aushandlungs-/Bargaining-Prozessen zwischen den Angehörigen der Kommission, den sogenannten externen Akteuren, und den Angehörigen der guatemaltekischen Zivilgesellschaft und den Staatseliten, den sogenannten internen Akteuren.

---

[3] Das Internationale Kommission gegen Straflosigkeit wird, wie im Essay selbst, Spanisch abgekürzt mit *CICIG*, Comisión Internacional contra la Impunidad en Guatemala. Es ist Instrument der Transitional Justice. Das englische ‚state-building' wird zum besseren Verständnis mit Staatsaufbau übersetzt, obwohl selbst in deutschen Publikationen oft von ‚state-building' gesprochen wird.

3.3.2 Die Methode und die Argumentation der Autorin

Die Analyse erfolgt auf Grundlage qualitativer Forschung in Form von Interviews mit CICIG-Angestellten, EU-Delegierten, guatemaltekischen Regierungsmitgliedern und Angehörigen der guatemaltekischen Zivilgesellschaft zwischen September 2009 und Juni 2010. Zudem wurden, so Schünemann, Aufsätze, Mediendokumente und offizielle Polizeidokumente untersucht (vgl. S.10). Der Essay bietet zunächst einen Einblick in die derzeitige Situation Guatemalas und assistiert dem Staat einen Legitimitätsmangel – das Gewaltmonopol liegt keinesfalls gänzlich beim Staat – und einen daraus resultierenden Sicherheitsmangel (vgl. S.11). In einem nächsten Schritt wird die Kommission vorgestellt. Darauf folgt der Theorieteil des Essays. Hier bezieht sich Schünemann auf den ‚peace builder's contract' von Christoph Barnett und Michael Zürcher. Diese gehen davon aus, dass ‚Staatenbildung von außen' bereits existente Beziehungen zwischen Staat und Gesellschaft festigen und die Staatlichkeit schwächen kann. Barnett und Zürcher unterscheiden vier verschiedene Szenarien für den 'peace builder's contract', das „cooperative peacebuilding, compromised peacebuilding, captured peacebuilding [.] [und] conflictive peacebuilding" (S.18). Für den Fall der guatemaltekischen Kommission und deren Einfluss auf den Aufbau des Rechtsstaates passe, so Schünemann, das ‚compromised peacebuilding', denn dieser Aufbau sei ein Prozess der fortwährenden Verhandlung zwischen externen und internen Akteuren (vgl. S.19). Im nächsten Schritt analysiert Schünemann die Arbeit der Kommission und ihre Verstrickung in komplexe Beziehungen zu inneren Akteuren wie dem Innenministerium, dem Kongress oder den privaten Eliten (vgl. S.19-26). Daran stellt sie fest, dass es sich tatsächlich um ‚compromised peace building' handelt. Schließlich fasst sie die Ergebnisse zusammen und geht sowohl auf die Erfolge als auch die zu erwartenden Herausforderungen ein (vgl. S.27). Aufbauend auf den gewonnenen Erkenntnissen gibt sie Empfehlungen ab, zum einen gerichtet an den guatemaltekischen Staat, zum anderen an die internationale Gemeinschaft bzw. die UN (vgl. S.29-30). Diese Empfehlungen sind Ratschläge, inwiefern man die Arbeit der Kommission in Zukunft verbessern könnte, so dass beide Seiten, d.h. interne wie externe Akteure, zufrieden gestellt werden.

3.3.3 Die kritische Diskussion des Textes

Auf den theoretischen Unterbau des Textes, d.h. der peace builder's contract von Barnett und Zürcher, wird in Schünemanns Empirieteil zu wenig eingegangen. Zudem hat Schünemann keine wirkliche Begründung für die Theorie vorgebracht. Kritisch anzumerken ist zudem, dass die These des Textes eigentlich schon aus der ‚Executive Summary' hervorgehen sollte, was aber nicht der Fall ist. Erst beim Lesen eröffnet sie sich dem/der Leser/in. Es wäre angenehmer gewesen, hätte die Autorin These und auch die Theorie schon zu Anfang vorgestellt. Positiv anzumerken ist aber ihre Argumentation selber, denn sie bringt starke Argumente hervor, die sie mit praktischen Beispielen stützt, wie beispielsweise bzgl. des Rosenberg-Falls oder der Ausbildung von Polizeioffizieren (vgl. S.22-23). Der/die Leser/in kann gut nachvollziehen, inwiefern in Guatemala ‚covor allem mpromised peace building' geschieht – und weniger eines der von Barnett und Zürcher vorgestellten anderen drei Szenarien. In ihrer ‚Conclusion' mit einer sehr differenzierten Einschätzung der Arbeit der Kommission und den wohl durchdachten Ratschlägen an den guatemaltekischen Staat und die internationale Gemeinschaft beweist Schünemann, dass ihr Essay anwendungsbezogene Resultate gebracht hat, da sie die Arbeit der Kommission gut einschätzen konnte und vor diesem Hintergrund in der Lage ist, praxisbezogene Ratschläge zu geben. Der Essay hat damit praktischen Nutzen. Die Empfehlungen an den Staat sind praxisrelevant und präzise, denn so fordert sie beispielsweise eine Einrichtung von Hochsicherheitsgefängnissen, den Aufbau einer speziellen Arbeitsgruppe von mindestens 150 Anklägern oder Zahlungen an das Justiz- und Sicherheitssystem. Ihre Ratschläge sind keine unpräzisen, sondern konkrete. Auch die Empfehlungen an die internationale Gemeinschaft sind präzise wie beispielsweise die Gedanke, das Mandat der Kommission um genau zwei Jahre zu verlängern oder die Beziehungen zum Kongress auszuweiten, so dass Gesetzesreformen schneller und besser getätigt werden können. Jedoch lässt sie beispielsweise offen, wie diese Ausweitung vonstattengehen sollte.

4. Zusammenfassung

Nach Analyse dieser drei Texte fällt auf, dass Transitional Justice sich in einem Prozess fortwährender Forschung befindet. Auch das International Journal of Transitional Justice bezeugt dies, so veröffentlicht es in regelmäßigen Abständen die neuesten Essays. Gerade die Texte von Schünemann und Laplante zeigen die Praxisrelevanz der Publikationen. Sieunterstützen das Transitional Justice Konzept dabei, sich fortwährend zu verbessern und somit zu einem handfesten Instrument für Friedenskonsolidierung in krisengeschüttelten Staaten zu avancieren.

5.Bibliographie:

In der Einleitung zitierte Publikationen:

Anderlini, Naraghi Sanam/**Conawell**, Pampell Camille/**Kays**, Lisa: Transitional Justice and Reconciliation, in: International Alert, Women Waging Peace (2004): Inclusive Security, Sustainable Peace: A Toolkit for Advocacy And Action, Jason Print and Design, Hertford, p. 1-15.

Barkan, Elazar/**Karn**, Alexander (2006): Taking Wrongs Seriously Apologies and Reconciliation, Stanford University Press, Stanford.

Buckley-Zistel, Susanne (2007): Handreichung Transitional Justice, Plattform Zivile Konfliktbearbeitung, Berlin.

Buckley-Zistel, Susanne (2008): Transitional Justice als Weg zu Frieden und Sicherheit? Möglichkeiten und Grenzen, SFB-Governance Working Paper Series, No. 15.

Daly, Erin/**Sarkin**, Jeremy (2007): Reconciliation in Divided Societies, Finding Common Ground, University of Pennsylvania Press.

Elster, Jon (2004): Closing the Books, Transitional Justice in Historical Perspective, Cambridge Press, Cambridge.

Kayser-Whande, Undine/**Schell-Faucon**, Stephanie (2008): Transitional Justice and Civilian Conflict Transformation, Current Research, Future Questions, CCS Working Papers, No. 10, Zentrum für Konfliktforschung der Philipps-Universität Marburg.

Kritz, Neil J. (1995): Transitional Justice: How Emerging Democracies Reckon with Former Regimes, Vols. I-III, U.S. Institute for Peace, Washington, D.C.

Mobekk, Eirin (2005): Transitional Justice in Post-Conflict Societies – Approaches to Reconciliation, in: Ebnöther, Anja H./Fluri, Philipp H. (2005): After Intervention, Public Security Management in Post-Conflict Societies – From Intervention to Sustainable Local Ownership, Bureau for Security Policy at the Austrian Ministry of Defence, Geneva Centre for the Democratic Control of Armed Forces, Vienna, Geneva, p.261-292.

Ranft, Florian (2009): Verspätete Wahrheitskommissionen in Theorie und Praxis, Potsdamer Studien zu Staat, Recht und Politik, Universitätsverlag Potsdam.

Roht-Arriaza, Naomi/**Mariezcurrena**, Javier (2006): Transitional Justice in the Twenty-First Century, Beyond Truth vs. Justice, Cambridge University Press, Cambridge.

Teitel, Ruti G. (2003): Transitional Justice Genealogy, in: Harvard Human Rights Journal 16, p.69-94.

Wiebelhaus-Brahm, Eric (2009): Truth Commissions and Transitional Societies, The Impact on Human Rights and Democracy, Routledge Chapman & Hall.

Im Literaturbericht näher untersuchte Publikationen:

Laplante, Lisa J. (2008): Transitional Justice and Peace Building: Diagnosing and Addressing the Socioeconomic Roots of Violence through a Human Rights Framework, in: The International Journal of Transitional Justice, Vol. 2, 2008, p. 331–355.

Schünemann, Julia (2010): 'Looking the Monster in the Face': The International Commission against Impunity in Guatemala and the 'Rule of Law-builders Contract', IFP Security Cluster, Country case study: Guatemala, Initiative for Peacebuilding, Madrid.

Thoms, Oskar N.T./**Ron**, James/**Paris**, Roland (2010): State-Level Effects of Transitional Justice: What Do We Know?, The International Journal of Transitional Justice, 2010, p. 1–26.